# Der Mondscheindrache

Cornelia Funke • Annette Swoboda

# Der Mondschein Drache

# Ein Drache und ein Ritter

Der Mond schien in Philipps Zimmer.
Ganz silbern war der Teppich. Sogar Philipps
Jeans über dem Stuhl sah aus, als wäre sie
aus silbernen Fäden gewebt. Wie sollte man
in so einer Nacht schlafen? Philipp lag im
Bett, starrte zum Fenster hinaus und zählte
die Sterne.
Da hörte er plötzlich ein leises Rascheln
neben seinem Bett. Erschrocken lugte er
über den Bettrand. Auf dem Teppich lag
das Buch, in dem er vorhin gelesen hatte.
Ein Buch über Drachen und Ritter.
Es war aufgeschlagen, obwohl Philipp ganz
sicher war, dass er es zugeklappt hatte.
Seltsam.
Philipp streckte die Hand aus, um es
zuzumachen. Da raschelte es wieder. Die
weißen Seiten bewegten sich wie von einer
unsichtbaren Hand umgeblättert.
Philipp hörte ein leises Schnaufen.
Erschrocken versteckte er sich unter der
Bettdecke. Nur durch einen Spalt lugte er
auf das Buch hinunter.

Das Schnaufen wurde lauter und ein schuppiger
Schwanz kam zwischen den Seiten hervor.
Dann folgten zwei Pranken, ein Leib mit
Flügeln und Zacken auf dem Rücken – und
*plumps!*, rutschte ein Drache aus dem Buch
auf Philipps Teppich.
„Oje, oje, oje!", hörte Philipp ihn jammern.
„Bei meinen Schuppen, wo bin ich denn hier
nur gelandet?"

Mit gespitzten Ohren stand er da und lauschte.
Wunderschön sah er aus. Genau so, wie Philipp
sich immer einen Drachen vorgestellt hatte.
Nur dass der hier kaum größer war als ein
Marmeladenglas.
Die Seiten des Buches bewegten sich wieder.
Und jetzt hörte man plötzlich das Klappern von
Hufen und das Klirren von Eisen.
Der Drache zuckte zusammen. „Er kommt!",
flüsterte er entsetzt. „Er hat meine Spur. Ich
muss mich verstecken. Aber wo? Wo?"
Verzweifelt wendete er den langen Hals hin
und her.
Da entdeckte er Philipps Spielburg in der
dunkelsten Ecke des Zimmers. „Ja!", rief er.
„Das ist gut."

Er breitete seine silbrig schimmernden
Flügel aus, aber mehr als ein müdes
Flattern brachte er nicht zustande.
„Na gut, dann eben zu Fuß!", knurrte
der Drache. So schnell ihn seine Beine
trugen, lief er über den mondbeschie-
nenen Teppich auf die Burg zu.
Er war kaum einen Menschenschritt
vom Buch entfernt, da sprang daraus
ein Pferd hervor. Auf seinem Rücken
saß mit wehendem Federbusch
ein weißer Ritter.

Das Pferd bäumte sich auf und der Ritter
sah sich suchend um. Philipp duckte sich
noch tiefer unter die Bettdecke.
„Ha, gleich hab ich dich, elender Feuerwurm!",
brüllte der Weiße Ritter. „Diesmal ent-
kommst du mir nicht!"
Der Drache sah sich erschrocken um. Mit
angelegter Lanze galoppierte der Ritter
auf ihn zu.
„Halt!" Philipp stieß die Decke weg
und sprang aus dem Bett. „Halt, lass
den Drachen in Ruhe, klar?"

Verblüfft zügelte der kleine Ritter sein Pferd und starrte zu Philipp empor.
Der Drache stieß bei Philipps Anblick einen Schreckensschrei aus und verschwand in der Plastikburg.

„Ein Riese!", rief der Ritter. „Bei Gott, wir sind im Reich der Riesen!"

„Blödsinn!", sagte Philipp. Er beugte sich zu ihm hinunter. „Du bist in meinem Zimmer und hier werden keine Drachen gejagt. Ist das klar?"

„Schweig, abscheulicher Riese!", brüllte der Ritter. „Der Weiße Ritter fürchtet dich nicht!" Er schwenkte seine Lanze, gab seinem Pferd die Sporen und galoppierte geradewegs auf Philipps nackte Beine los.

„He, lass das!", rief Philipp. „Nimm die Lanze weg!"

Aber da pikste ihm der Ritter schon die winzige Lanzenspitze ins Schienbein.

„Au!", schrie Philipp empört. „Bist du verrückt geworden?"

Wütend packte er den Ritter und hob ihn vom Pferd. Im selben Augenblick passierte es.

Kaum hatte Philipp den Ritter berührt, da begann er zu schrumpfen.

Mit rasender Geschwindigkeit kam der Teppich näher. Philipp schaffte es gerade noch, den Weißen Ritter vom Pferd zu ziehen, da saß er auch schon neben ihm auf dem Teppich und war drei Köpfe kleiner als der Ritter.

Der Weiße Ritter erholte sich als Erster von dem Schreck. Klirrend sprang er auf die Füße und zog sein Schwert. „Aha!", grölte er. „Ein Zauberer bist du also, ein elender Zauberer."

„So ein Blödsinn!", rief Philipp und kam auf die Beine.

„Lügner!", schrie der Ritter. „Schleimzüngiger teuflischer Magier!"

Er stieß mit seinem Schwert zu.

Nur durch einen verzweifelten Satz
zur Seite rettete Philipp seinen Kopf.

Da rannte er los. Er rannte wie noch nie in seinem Leben.
Auf die Burg zu. Zum Glück hatte der Weiße Ritter Schwierig-
keiten, mit seiner schweren Rüstung auf sein Pferd zu steigen. Als
er endlich im Sattel saß, war Philipp schon fast am Burgtor.

Aber zwei Buntstifte und ein Radiergummi lagen auf dem Teppich
und versperrten ihm den Weg. Philipp musste mühsam über sie
drüberklettern. Das Pferd des Ritters kam rasend schnell näher.
„Oh, verdammt!", dachte Philipp. „Ich sollte wohl doch öfter
aufräumen." Mit letzter Kraft erreichte er die Zugbrücke.
Er stolperte ins Innere der Burg und drehte mit zitternden Händen
an der Kurbel, die die Brücke hochzog. Knirschend hob sie sich vom
Teppich und verschloss den Eingang.
In allerletzter Sekunde!
Wütend donnerte der Weiße Ritter seinen Schild gegen die Burgmauer.

# Ein guter Plan

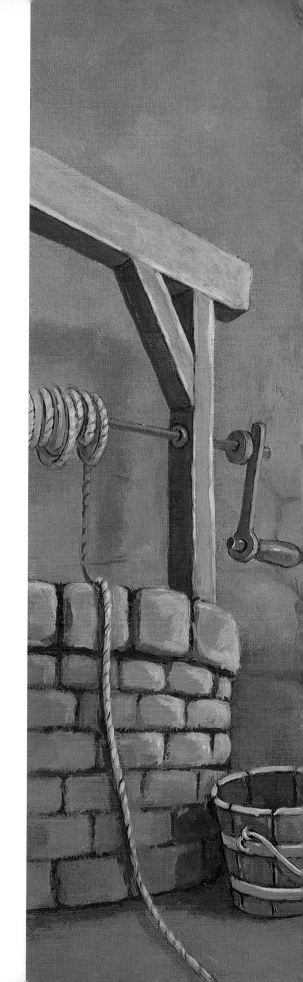

„Mannomann!", stöhnte Philipp. Mit zitternden Knien lehnte er sich gegen die Mauer.

„Bist du wirklich ein Zauberer?", fragte plötzlich jemand hinter Philipp. Er fuhr herum.

Ach ja, der Drache. Den hatte er völlig vergessen. Der Drache kauerte in der hintersten Ecke des Burghofes.

„Ich bin kein Zauberer", sagte Philipp. „Ich bin auch kein Riese. Ich bin nur ein ganz normaler Junge."

„Schwer zu glauben", sagte der Drache. „Die Jungen, die ich kenne, sind nicht so groß wie Burgtürme. Und sie wechseln auch nicht plötzlich die Größe."

„Tue ich sonst auch nicht", sagte Philipp. „Ich hab keine Ahnung, wie das passiert ist."

„Wahrscheinlich ein Mondlichtzauber", sagte der Drache. „Von so etwas habe ich schon gehört. Verschwindet das Mondlicht, verschwindet auch der Zauber."

„Na, schön wär's!", seufzte Philipp. „Es ist ziemlich gefährlich, so ein Zwerg zu sein. Kannst du sehen, was dieser blöde Blechkopf da draußen treibt?"

Der Drache reckte den langen Hals, aber die Burgmauer war zu hoch.

Philipp stieg die Treppe hinauf, die auf die Mauer führte, und lugte über die Zinnen. „Ich seh ihn!", raunte er. „Er ist vom Pferd gestiegen und stöbert in meinem Spielzeug. Was hat er vor?"

„Oh, er sucht nach Schätzen", sagte der Drache. „Wenn der Weiße Ritter nicht gerade Drachenköpfe abschlägt, sucht er Schätze."

„Na, da kann er lange suchen", sagte Philipp.

„Er wird uns kriegen", seufzte der Drache.

„Quatsch!", sagte Philipp.

„Oh, unterschätze den Weißen Ritter nicht", sagte der Drache traurig. „Er hat schon so viele Drachen und Ritter getötet, dass niemand sie zählen kann. Bisher bin ich ihm immer entkommen, aber jetzt …" Seufzend schüttelte er den schönen Kopf. „Und ausgerechnet in einer fremden Welt muss ich sterben. Wie bin ich bloß hierhergeraten?"

„Du bist aus einem Buch gekrochen", sagte Philipp und stieg wieder von der Mauer herunter.

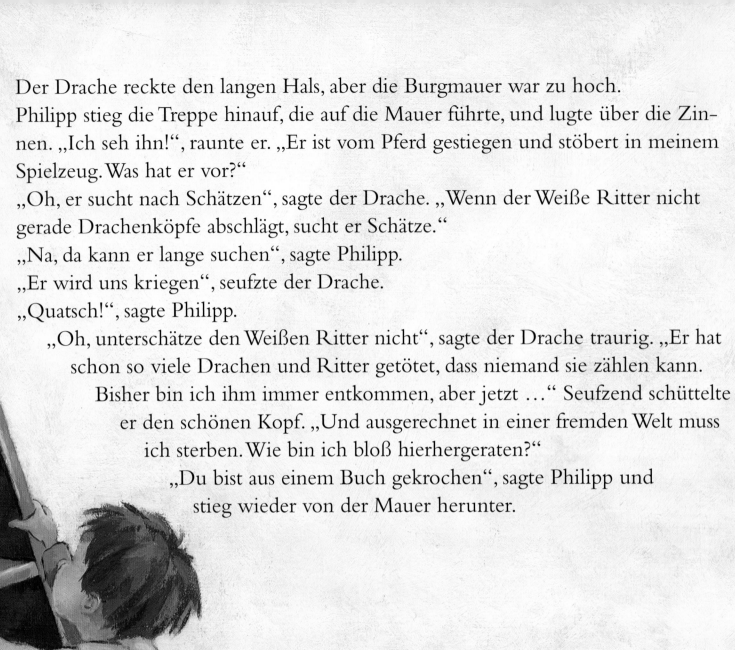

Der Drache sah ihn verwundert an. „Was für ein Buch?"

„Och, eins mit vielen Geschichten über Drachen", sagte Philipp.

„Ich komme doch nicht aus irgendeiner Geschichte!", sagte der Drache empört.

„Doch", sagte Philipp. „Ehrenwort! Übrigens, wieso kannst du eigentlich nicht fliegen? Ich dachte, alle Drachen können fliegen?"

„Der Weiße Ritter hat mich so lange gejagt, dass ich nicht zum Fressen gekommen bin", antwortete der Drache. „Und mit leerem Magen kann man nun mal nicht fliegen. Ja, wenn du vielleicht etwas zu fressen hättest …"

„Wo soll ich hier was zu fressen für dich herkriegen?", seufzte Philipp.

Der Drache spitzte die Ohren. „Ich glaube, er kommt zurück!", flüsterte er.

Hastig stieg Philipp wieder auf die Mauer. Der Weiße Ritter kam in vollem Galopp auf die hochgezogene Zugbrücke zu. In den Händen hielt er nicht mehr seine Lanze, sondern einen Buntstift.

Mit einem furchtbaren Krachen rammte er den Stift gegen die Zugbrücke. Das dünne Plastik der Brücke zerbarst wie eine Eierschale.

Der Weiße Ritter lachte höhnisch. Er warf den zerbrochenen Buntstift auf den Teppich und holte sich einen neuen.

„Oh, verdammt!", stöhnte Philipp. „Lange hält die Brücke das nicht aus."

Verzweifelt sah er sich im Zimmer um. Die Plastiklanzen seiner Spielzeugritter würden ihm nichts nützen. Aber dann sah er den großen Bagger, den er zum letzten Geburtstag bekommen hatte. Der war aus Metall und hatte einen ferngesteuerten Motor.

„Wo hab ich bloß die Fernbedienung?", dachte Philipp.
Sein Blick fiel auf das Bücherregal. Verflixt! Da lag sie. Auf dem dritten
Brett von oben. Keine Chance für einen Zwerg, dort hochzukommen.
Der Weiße Ritter krachte zum zweiten Mal gegen die Brücke. Das Loch
wurde immer größer. Da fiel Philipp etwas ein.
„He, du!", rief er zum Drachen hinunter. „Frisst du Brot?"

„Ich fresse alles!", rief der Drache zurück.
Philipp rannte zum großen Burgturm.
Schrecklich hoch sah der aus. Es gab leider
keine Treppe hinauf. Aber da oben lagen
jede Menge Brotkugeln. Die rollte Philipp
immer aus Weißbrot für seine Kanone.
Mit bebenden Fingern zog er sich an der
buckligen Turmmauer hoch. Immer höher
kletterte er. Der Ritter zügelte sein Pferd
und beobachtete ihn misstrauisch.
Mit letzter Kraft zog Philipp sich über die
Zinnen des Turmes und plumpste auf die
Plattform. Da lagen die Brotkugeln. Etwas
eingetrocknet zwar, aber dafür ziemlich viele.
„Fang!", rief er dem Drachen zu. Der öffnete
sein Maul und verschlang eine Kugel nach
der anderen.

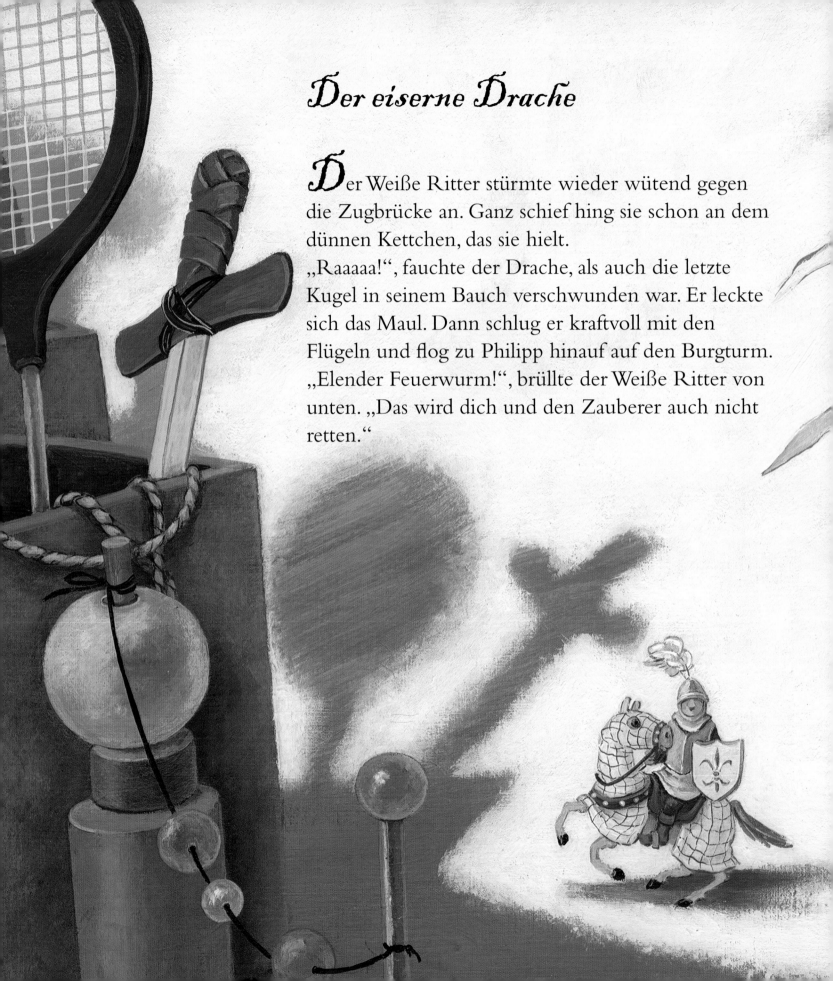

# Der eiserne Drache

Der Weiße Ritter stürmte wieder wütend gegen die Zugbrücke an. Ganz schief hing sie schon an dem dünnen Kettchen, das sie hielt.

„Raaaaa!", fauchte der Drache, als auch die letzte Kugel in seinem Bauch verschwunden war. Er leckte sich das Maul. Dann schlug er kraftvoll mit den Flügeln und flog zu Philipp hinauf auf den Burgturm.

„Elender Feuerwurm!", brüllte der Weiße Ritter von unten. „Das wird dich und den Zauberer auch nicht retten."

Der Drache streckte ihm die Zunge
heraus. „Wo soll es hingehen?", fragte er.
Philipp zeigte zum Bücherregal.
„Steig auf!", sagte der Drache.
Philipp kletterte auf seinen
Rücken und hielt sich an
den großen Zacken fest.

„Festhalten!", rief der Drache und schraubte sich in die Höhe.
Der Weiße Ritter fuchtelte mit seinem Schwert herum und fluchte. Aber Philipp lachte nur. Es war wunderbar, auf dem Drachen zu fliegen. Sein Zimmer lag unter ihnen im Mondlicht wie eine seltsame Landschaft.

Der Drache stieg höher und höher und landete auf dem Regal direkt neben der Fernbedienung. „Na, wie war das?", fragte er und faltete die silbrig schimmernden Flügel sorgsam wieder zusammen.

„Wunderbar!", sagte Philipp. „Und jetzt pass auf! Jetzt scheuchen wir diesen blöden Ritter zurück in sein Buch." Es war nicht ganz einfach, die riesige Fernbedienung auf den Bagger zu richten, aber gemeinsam schafften sie es.

„Los geht's", flüsterte Philipp. Er schaltete das Ding an und drehte mit seinen winzigen Händen den Knopf, mit dem man lenkte. Der Bagger begann, über den Teppich zu holpern. Geradewegs auf den Ritter zu. Als das Pferd die riesige Schaufel auf sich zufahren sah, bäumte es sich wiehernd auf.

„Ha, ein elender Eisendrache!", brüllte der Weiße Ritter. „Zum Angriff!" Er gab seinem Pferd die Sporen, aber das schlug wild nach allen Seiten aus, warf den Ritter ab und galoppierte zum Buch zurück. Mit einem Riesensatz verschwand es zwischen den aufgeschlagenen Seiten.

Der Weiße Ritter rappelte sich auf und stürmte mit Wutgebrüll auf den Bagger los.

„Nun guck dir bloß diesen Verrückten an!", sagte Philipp.

Er drückte schnell auf
einen anderen Knopf.
Die Baggerschaufel
senkte sich und schaufelte
den strampelnden Ritter
vom Teppich. Wie wild
drosch er mit seinem
Schwert auf den Baggerarm
ein. Aber das half ihm gar nichts.
Philipp lenkte den Bagger geradewegs zum Buch.
„Ab geht's!", rief er. „Auf Nimmerwiedersehen!"
Und dann schaufelte der Bagger den Weißen Ritter mit
Schwung in das Buch zurück. Er rutschte zwischen die
Seiten und war verschwunden.
„Oh, was für ein Glück!", seufzte der Drache. „Er ist weg!
Aber was wird nun mit dem eisernen Drachen?"
„Och, den schalt ich wieder aus", sagte Philipp.
„Also bist du doch ein Zauberer!", rief der Drache.
„Nein, wirklich nicht", sagte Philipp. „Fliegst du mich
jetzt bitte wieder runter?" Der Drache setzte Philipp auf
seinem Bett ab.

"Phil...

"Ab ge...
Und dann...
mit Schwung...
die Seiten und...

"Oh, was für ein O...

"Er ist weg! Aber wa...

"Drachen?"

"Och, den schalt ich wied...

"Also bist du doch ein Zaub...

"Nein, wirklich nicht", sagte Ph...
mich jetzt bitte wieder runter?" L...
Philipp auf seinem Bett ab.

86

84

"Ha, ...

Der Dra...

82

# Mondlichtzauber

Und was machst du nun?", fragte Philipp.
"Du kannst doch nicht zu diesem Verrückten zurück."
Der Drache zuckte mit den Schultern. "Wo soll ich denn sonst hin?"
"Du könntest bei mir bleiben", schlug Philipp vor.
"Sehr freundlich", sagte der Drache. "Aber ich möchte doch lieber in meine Welt zurück."
"Ich hab's!", rief Philipp. "Wieso gehst du nicht einfach in eine andere Geschichte? In dem Buch gibt es auch welche, in denen die Drachen sich nicht mit Rittern rumschlagen müssen."
"Wirklich?", fragte der Drache ungläubig.
"Ehrenwort!", sagte Philipp. Er ließ sich am Bettlaken runterrutschen und lief zu dem Buch. Riesengroß lag es vor ihm. "Warte mal." Er blätterte die riesigen Seiten um. "Ja, hier, Seite 123. Das ist das Richtige für dich."
"Wenn du meinst …" Der Drache flatterte auf die aufgeschlagene Seite. "Ich versuch's!"
Und *schwups!*, war er im Buch verschwunden.

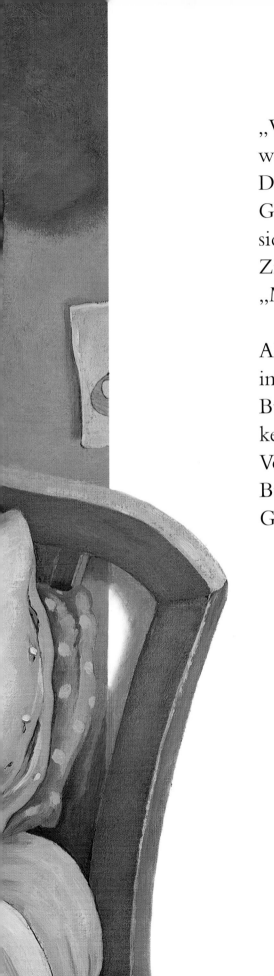

„Vielen Dank!", hörte Philipp ihn noch von weit, weit weg rufen. Dann war er wieder allein in seinem Zimmer. Der Mond schien immer noch durchs Fenster.
Gähnend kletterte Philipp zurück auf sein Bett. Er rollte sich auf dem Kissen zusammen und deckte sich mit einem Zipfel der Decke zu.
„Mondlichtzauber!", murmelte er. „Na, mal sehen."

Als er am nächsten Morgen erwachte, war er so groß wie immer. Aber die kaputte Burg und die zerbrochenen Buntstifte bewiesen, dass das Abenteuer der letzten Nacht kein Traum gewesen war.
Von da an ließ Philipp in jeder Mondnacht ein offenes Buch neben seinem Bett liegen. Nur die Seiten mit der Geschichte vom Weißen Ritter klebte er fest zusammen.

ISBN 978-3-7855-7646-5
Veränderte Neuausgabe 2015
1. Auflage 2015
© 1996 Loewe Verlag GmbH, Bindlach
Text von Cornelia Funke
Umschlag- und Innenillustrationen von Annette Swoboda
Drachenbilder von Jonn Swoboda
Umschlaggestaltung: Franziska Trotzer
Printed in Italy

www.loewe-verlag.de